Inhalt

Online-Assessment-Center

Kernthesen

Beitrag

Fallbeispiele

Weiterführende Literatur

Impressum

Online-Assessment-Center

E. Krug

Kernthesen

- In Zeiten der New Economy in Deutschland schien das Online-Assessment-Center ganz gut Anklang zu finden, ist aber dann in den meisten Unternehmen über das Versuchsstadium nicht hinausgekommen. (1)
- Obwohl die elektronische Jobsuche immer beliebter wird, sind diverse Personalvertreter immer noch zögerlich, einen Bewerber mit Hilfe eines elektronischen Assessment-Centers auszuwählen. (2), (3)
- Bevorzugt wird dagegen in der Branche, vor allem bei großen Unternehmen, die

Kombination von einem Online-Assessment-Center und Gesprächsrunden, um den persönlichen Kontakt nicht zu vernachlässigen. (3), (4)

Beitrag

Bei einem Online-Assessment-Center oder E-Assessment-Center handelt es sich meist um psychologisch ausgeklügelte Computerspiele, die von den Unternehmen dazu eingesetzt werden, den Jobkandidaten in einer Testsituation über die Schulter zu schauen. Die Bandbreite der Verfahren ist allerdings relativ groß und reicht von den psychologischen Tests über Wissenstests bis hin zu reinen Leistungstests, in denen Motivation, Teamfähigkeit oder Selbstorganisation geprüft werden. In virtuellen Arbeitsproben hat ein Bewerber z.B. die Möglichkeit, die Folgen seiner Entscheidung zu erkennen und zu beweisen, dass er aus den Fehlern lernt und es dann auch besser macht. (3), (5), (6)

In den Anfangszeiten schien ein E-Assessment-Center zeitgemäß und durchaus attraktiv für so manches Unternehmen. Heute hat sich das etwas relativiert. Allerdings ist die Angelegenheit Online-Assessment-Center nicht vom Tisch, im Gegenteil. Man setzt sich zurzeit in der Branche wieder sehr mit dem Thema auseinander. Nicht zuletzt deshalb, weil in einigen Unternehmen diese Art der Bewerbung gefördert und weiterentwickelt wird (vgl. Cases). (3)

Skepsis bei Personalverantwortlichen

Beim klassischen Assessment-Center handelt es sich um eine Veranstaltung, die im Rahmen einer Personalauswahl eingesetzt wird. Die Bewerber stellen sich einem eignungsdiagnostischen Methodenmix, der die Anforderungen des Jobs so gut wie möglich simuliert. Sie werden dabei von psychologisch geschulten Beobachtern und von Führungskräften des Unternehmens begleitet, die anschließend die einzelnen Kandidaten bewerten. Das Verfahren wird mittlerweile in diversen Unternehmen auch als Online-Assessment-Center durchgeführt, findet aber nicht immer Zustimmung. Die Skepsis vieler Personalverantwortlicher kommt nicht von ungefähr, da der persönliche Kontakt, der ja bei dem klassischen Assessment-Center immer vorhanden ist, bei der elektronischen Variante nicht ausreichend berücksichtigt wird. Der Bewerber sitzt zuhause vor seinem Computer und der Test wird im Unternehmen ausgewertet. Ein persönlicher Kontakt kommt also erst relativ spät zustande, wenn es schon um Einstellungsgespräche geht. Die Mimik, Gestik und die Wortwahl im Gespräch, die viel Aufschluss über den Bewerber geben haben beim Online-Verfahren natürlich keine Bedeutung. Der persönliche Eindruck wird also bis dahin vollkommen außer Acht gelassen. Das macht die Verantwortlichen im Personalbüro oftmals nervös. Zudem ist es nicht überprüfbar, ob der Bewerber sich fremde Hilfe dazu holt oder gar ein anderer vor dem Computer sitzt, um den Test zu absolvieren. Manche Unternehmen führen deshalb die E-Assessment-Center direkt Vorort durch, sprich sie stellen die Computer und bieten somit allen Teilnehmern die gleichen Bedingungen. (1), (2), (3), (4), (5), (7) Nicht zuletzt ist der Datenschutz natürlich ein äußerst sensibles Thema, das von den Unternehmen sehr sorgfältig berücksichtigt werden muss. (3) Negativ wird von den Kritikern bewertet, dass die Kosten für die technische Realisierung relativ hoch sind. Je nach Aufwand liegen diese Zwischen EUR 20 000,- und 80 000,-. Dennoch scheinen diese Investitionen sich zu lohnen. (3), (5)

Vorteile von einem Online-Assessment-Center

Der wesentliche Vorteil von einem Online-

Assessment-Center ist die Kostenreduzierung des gesamten Verfahrens einer Personalauswahl. Es senkt die Materialkosten, spart Reisekosten ein und beansprucht einen geringeren personellen Aufwand. Nicht zu vergessen, die zeitliche Komponente, denn bereits innerhalb von wenigen Tagen kann ein Unternehmen auf diese Art der Bewerbung reagieren. (1), (3), (4), (5), (6), (7)

Vielen Unternehmen ist es auch wichtig, dem Bewerber einen Einblick in das Unternehmen zu gewähren, ohne dass dieser in persönlichen Kontakt treten muss. Auch das ist mit Hilfe eines E-Assessment-Centers möglich. (1)

Ein weiterer Vorteil ist es, dass das Unternehmen bereits zu einem sehr frühen Zeitpunkt des Bewerbungsprozesses echte Leistungsmerkmale des Bewerbers feststellen und damit biographische Daten aus dem Lebenslauf ergänzen kann. (5)

Man kann allerdings behaupten, dass der Hauptgrund für den Einsatz von elektronischen Bewerbungsverfahren der Kostenfaktor ist. Auf Dauer wird dies vor allem für mittelständische Unternehmen interessant, die es sich nicht leisten können, ein klassisches Assessment-Center durchzuführen und somit nur noch die Auswahl unter den Bewerbern haben, die von großen Unternehmen abgelehnt wurden. (6)

Kombination von Online-AC und klassischen Verfahren

Aufgrund der Vorteile von Online-Assessment-Centern, aber unter Berücksichtigung der Zweifel, wird in den meisten Fällen eine Kombination von elektronischen Verfahren und Gesprächsrunden bevorzugt. Häufig dienen dann die Ergebnisse des Onlinetests als Basis für weitere klassische Methoden, z.B. dem Tiefeninterview. So könnte man fast bei dem Online-Verfahren von der Vorrunde sprechen. Diese Kombination stellt auch die Skeptiker zufrieden, weil im Anschluss an das Online-AC der Kandidat in einem persönlichen Gespräch o.ä. genauer unter die Lupe genommen werden kann. Fraglich bleibt, ob durch die elektronische Vorauswahl-Methode ein geeigneter Bewerber zu früh aus dem Spiel geworfen wurde. (1), (4), (5) Über Einstellungsverfahren hinaus können Online-AC auch bei internen Testverfahren zur Karriereförderung oder den optimalen Einsatz der Mitarbeiter durchaus unterstützend eingesetzt werden. (4)

Fallbeispiele

Beispiel für Online-Assessment-Center in Zeiten des Internetbooms

ZF-FriedrichshafenDer ZF-Konzern in Friedrichshafen war das erste Unternehmen, das in Deutschland ein E-Assessment-Center ins Netz gebracht hat.
Heute setzt man bei ZF auf Recruiting-Messen und um das Thema Online-AC ist es sehr still geworden. (1)

CSC-Ploenzke (IT-Dienstleister)
Das damalige Bewerbungsspiel, das zur digitalen Vorauswahl von Bewerbern diente, hat man als reine Kampagne betrachtet und inzwischen wieder eingestellt. (1)

Commerzbank
Das Spiel Hotstaff gibt es immer noch im Internet. Grund: Der Interessent soll sich ein Bild von dem Unternehmen machen können, ohne direkt in Kontakt treten zu müssen. (1)

Beispiele für heutige E-Assessment-Center

UnileverUnique.st, ein Online-Assessment-Spiel, testet kognitive Fähigkeiten, wie logisches Denken oder Planungsfähigkeit.
Es handelt sich dabei die erste Stufe eines vierstufigen Auswahlprozesses.
Früher wurden die Kandidaten zu einem vergleichbaren Test, der nicht elektronisch durchgeführt wurde nach Hamburg eingeladen, heute können sie den Test zuhause am Internet absolvieren und das Unternehmen spart dadurch rund EUR 75 000,- pro Jahr ein.
Die Kandidaten werden aber in einem weiteren Schritt noch zusätzlich in einem herkömmlichen Assessment-Center geprüft. (5)

Siemens
Challenge Unlimited ist ein Online-Assessment-Spiel, das Siemens vor vier Jahren gestartet hat, um neue Mitarbeiter anzuwerben.
Die Bewerber mussten kniffelige Tests in 3D-Animation bestehen.
Der Erfolg war lt. Siemens enorm: Erwartet hat man 2 000 Teilnehmer, sich beteiligt haben 13 000 Anwärter.
Schwerpunkte: Erfassen von Teamfähigkeit, Lernfähigkeit, Gestaltungsfähigkeit,

Ergebnisorientierung und Kundenorientierung
Das Projekt ist mittlerweile abgeschlossen und die Daten von 10 500 Teilnehmern dienen mit deren Erlaubnis heute zu Forschungszwecken.

In Folge wurde in Zusammenarbeit mit den bisher Beteiligten die Potenzial-Analyse-Software PERLS entwickelt, ein E-Assessment-System, das heute einen festen Platz bei der Personalfindung hat. (3), (6)

Hoffmann-La Roche AG
Roche veranstaltet regelmäßig Seminare für unterschiedliche Bewerbergruppen aus dem Hochschulbereich.
Im Rahmen dieser Seminare können sich die Teilnehmer zum einen auf einer Homepage informieren, zum anderen, sich auf eine virtuelle Reise nach New York begeben, in dem sie sich beim Online-Assessment Recruitainer anmelden. (8)

Weiterführende Literatur

(1) Vogel Michael, Manche Unternehmen schicken ihre Bewerber ins virtuelle Assessment-Center, Stuttgarter Zeitung, 25.09.2004
aus Lebensmittel Zeitung 20 vom 14.05.2004 Seite 054

(2) O.V., Elektronische Jobsuche immer beliebter, Computerwoche, 27.02.2004, S. 45

aus Lebensmittel Zeitung 20 vom 14.05.2004 Seite 054

(3) Rapp Inga, Helden auf Jobsuche Der Einsatz von Computerspielen bei der Personalfindung, c't Magazin für Computertechnik, Heft 13, 2004, S. 84
aus Lebensmittel Zeitung 20 vom 14.05.2004 Seite 054

(4) Fit fürs Management Potenzialanalyse. In Assessment-Centern testen Personalexperten die Elite von morgen. Wie Sie Ihre Stärken erkennen und einsetzen.
aus Capital vom 07.08.2003, Seite 78

(5) O.V., Wo elektronische Tests Eingang in die Personalarbeit finden, Computerwoche, 10.09.2004, S. 34-35
aus Capital vom 07.08.2003, Seite 78

(6) Neues Buch Recruiting und Assessment im Internet
aus Markt und Technik, Heft 25/2004, S. 66

(7) Markt&Technik-Forum, Teil 3: Welche Rolle spielt das Internet bei der Rekrutierung? Intern schlummert Potenzial
aus Markt und Technik, Heft 3/2003, S. 22

(8) Mehr Marketing! - Was man im Personalmarketing besser machen kann
aus Wirtschaftspsychologie, Heft 2/2004, S. 44 - 48

Impressum

Online-Assessment-Center

Bibliografische Information der deutschen Nationalbibliothek

Die Deutsche Nationalbibliothek verzeichnet diese Publikation in der deutschen Nationalbibliografie; detaillierte bibliografische Daten sind im Internet über http://dnb.d-nb.de abrufbar.

ISBN: 978-3-7379-0884-9

© 2015 GBI-Genios Deutsche Wirtschaftsdatenbank GmbH, Freischützstraße 96, 81927 München, www.genios.de

Alle Rechte vorbehalten. Dieses Werk ist einschließlich aller seiner Teile – z.B. Texte, Tabellen und Grafiken - urheberrechtlich geschützt. Jede Verwertung außerhalb der Grenzen des Urheberrechtsgesetzes bedarf der vorherigen Zustimmung des Verlags. Dies gilt insbesondere auch für auszugsweise Nachdrucke, fotomechanische Vervielfältigungen (Fotokopie/Mikroskopie), Übersetzungen, Auswertungen durch Datenbanken oder ähnliche Einrichtungen und die Einspeicherung und Verarbeitung in elektronischen Systemen.